AF509641

L'INTERVENTION

DE M. D'ÉPRÉMESNIL,

A DIJON.

SECOND CAHIER,

CONTENANT la Correspondance de ce Magistrat avec M. le CHEVALIER DE CRILLON, sur le projet de faire arrêter M. de LALLY, imputé au Conseil de Pondichéry, par le Sieur TOLENDAL, se disant COMTE DE LALLY-TOLENDAL, & des réflexions à l'occasion d'un nouveau Libelle dudit Sieur TOLENDAL.

Aprés m'avoir oppofé infruclueufement, j'ofe le dire, au fujet de la Fable des deux Journaux du P. Lavaur, abfurde en foi, étrangère à notre Caufe, l'illuftre nom d'un Montmorency, mon Adverfaire fe donne aujourd'hui, fur le fait, très-important, mais très-calomnieux, du projet imputé par lui feul au Confeil de Pondichéry que préfidoit mon Oncle, de faire arrêter le Général Lally, un Crillon pour Allié.

La circonftance n'eft pas mal-adroitement choifie pour fe parer d'une telle alliance. Mais le Public, après avoir comparé dans ce Mémoire la Dépofition de M. le Chevalier de Crillon à fes Lettres, décidéra, fi M. de Crillon auroit dû donner lieu à cette nouvelle imprudence du Sieur Tolendal.

TROISIÈME MÉMOIRE

DE M. D'ÉPRÉMESNIL, à Dijon ;

OU

CORRESPONDANCE *de ce Magiſtrat avec* M. *le* CHEVALIER DE CRILLON, *ſur le projet de faire arrêter* M. DE LALLY, *imputé au Conſeil de Pondichéry, par le Sieur* TOLENDAL, *ſe diſant Comte* DE LALLY-TOLENDAL.

MÉMOIRE précédé & ſuivi de quelques Réflexions occaſionnées par la diſtribution d'un nouveau Libelle dudit Sieur TOLENDAL.

UT interrogando urgeat..... Ut liberiùs quid audeat .....Ut objurget aliquando. Cicero, in Oratore, 137 & 138.

UN long voyage a ſuſpendu la publication de mon *ſecond Mémoire à Dijon*, ou de ma *Réponſe définitive aux Obſervations du Sieur Tolendal, ſur ma Correſpondance avec le Marquis de Montmorency*. A mon retour, j'ai trouvé, un mois après ſa date, une Lettre de mon Procureur à Dijon, du 31 Août dernier, qui m'annonce que *M. de Tolendal vient de répandre dans la Ville un nouveau Mémoire ; qu'il n'a pu s'en procurer un exemplaire pour me le faire paſſer; qu'il eſt intitulé:* Correſpondance de M. de Crillon.

Je n'ignore pas que cette Correſpondance eſt infectée à ſon tour d'un commentaire empoiſonné. Le Public s'attend bien qu'on ne m'a fait ni ſignifier, ni parvenir ce nouveau Libelle. Je ſçais que mon Adverſaire l'a fait diſtribuer avec profuſion ici comme à Dijon. Mais je n'ai pas encore pu m'en procurer un Exemplaire ; & nous ſommes au 10 Novembre de cette année 1781. A la vérité, il m'auroit fallu employer pour cela des voies obliques qui me répugnent : j'attendrai. Mon Adverſaire n'a jamais éprouvé cet embarras : tous mes Ecrits lui ſont ſignifiés au ſortir de la Preſſe. J'eſpère qu'on nous diſtinguera par nos procédés, autant que par notre Cauſe. On m'aſsûre que ſon nouveau Libelle contient des horreurs contre mon Père & contre moi. Contre moi, je les pardonne, ou ſi l'on veut, je les dédaigne depuis long-temps. Il faut qu'un Magiſtrat réponde aux calomnies par ſa réputation : il faut que ſes Ecrits répondent par eux-mêmes aux ſophiſmes qui les attaquent. Quand le ſieur Tolendal parle de moi, ma réponſe eſt à Paris ; quand il parle de ſa Cauſe, mon eſpoir eſt à Dijon. Pour mon Père, le pardon n'eſt pas en mon pouvoir, & l'on ſent bien que je ne trahirai pas une mémoire auſſi précieuſe, après tout ce que j'ai fait pour celle de mon Oncle : mais le moment de la juſtice à cet égard n'eſt pas venu. Mon Adverſaire ne pouvant m'effrayer, veut m'irriter : il n'obtiendra ni l'un ni l'autre. Ne prenons pas le change. Le grand débat qui ſubſiſte entre nous a ſon objet déterminé. Il s'agit de ſçavoir ſi le Comte de Lally a pû rejetter ſes trahiſons ſur le frère de mon Père, comme il l'a fait dans ſes Mémoires imprimés ; & ſi le ſieur Tolendal peut réveiller impunement ces calomnies atroces, comme il le fait, en redonnant, avec le secours de la cassation qu'il a provoquée, une existence légale à ces Mémoires, que l'Arrêt de 1766 avoit déclarés faux & calomnieux. La mémoire de mon Père, parti de l'Inde en 1749, pour n'y plus retourner, après avoir conservé Madras à la France, ne doit pas être mêlée dans ces questions. Commençons par établir ce qu'on doit penser de celui dont mon Adversaire porte le nom; nous-nous occuperons ensuite de celui dont le nom m'appartient. Le premier, comparé à mon Oncle, ne peut être jugé qu'à Dijon; le second trouvera un jour ses Juges & ses Vengeurs. Je me réserve expressément de rendre plainte en calomnie contre le sieur Tolendal pour la mémoire de mon Père, s'il est vrai que cette mémoire irréprochable soit réellement offensée dans les Observations sur ma Correspondance avec le Chevalier de Crillon. Je dis *réellement*; car enfin il est possible que ce nouveau Libelle ne mérite que du mépris; &, franchement, je ne me crois pas tenu de passer ma vie à faire des Mémoires, à rendre plainte de toutes les fantaisies qui pourront passer par la tête de mon Adversaire : or je crois bien qu'il en aura plus d'une avant de me pardonner mon Intervention, qu'il auroit pu prévenir. Ce Procès-ci ne fait pas mon existence; au contraire, il me détourne. Les droits du sang m'obligeoient de l'entreprendre : ces mêmes droits, & les devoirs de mon Etat, m'obligent d'en désirer la conclusion. L'intérêt de mon Adversaire n'est pas le même; ses efforts ne tendront désormais qu'à reculer le Jugement du fond; je le prédis. S'il travaille à faire tomber cette prophétie, le Parlement est juste, & vous serez vengés une seconde fois, mânes de mon Oncle ! s'il n'y travaille pas, il se juge lui-même. Et déjà, que fait-il, en outrageant la mémoire de mon Père? Une diverſion; rien n'eſt plus évident. Mais qu'en eſpère-t-il? M'étourdir par ſes clameurs? Me diſtraire de mon Intervention? A-t-il pû s'en flatter? De bonne-foi, a-t-il compté ſur le ſuccès d'un piége auſſi groſſier? Qu'il ſe détrompe. Mon Père, vous ne ſerez point abandonné; mais ſouffrez que je remette votre défenſe à d'autres temps. Que dis-je? Mon Père lui-même m'en feroit une loi; il ne ſouffriroit pas qu'une punition précipitée retardât d'un moment pour l'intérêt de ſa mémoire, la réparation dûe à celle de ſon frère, il me criéroit de ne point lâcher priſe, & de mépriſer les vaines fureurs d'un ennemi déſeſpéré...... J'obéis.

Mon Adverſaire a plaidé à Rouen, & n'a pas craint d'en atteſter M. le Chevalier de Crillon, que *le Conſeil de Pondichéry avoit voulu faire arréter le Général Lally, & lui faire ſubir le même traitement que le Conſeil de Madras a depuis fait éprouver à Lord Pigot.* J'ai répondu que *cette aſſertion étoit une calomnie, & que j'adreſſerois mon Plaidoyer au deſcendant du brave Crillon;* je l'ai fait. Ma première Lettre a produit entre M. de Crillon & moi une Correſpondance, de laquelle il réſulte, que le complot du Conſeil eſt une invention de mon Adverſaire. Qu'oppoſe l'inventeur? Ses armes ordinaires, ſi j'en crois le bruit public; une équivoque, un ſubterfuge. Il ſe défend d'avoir chargé nommément le Conſeil de Pondichéry du complot en queſtion; &, pour le prouver, il cite, m'a-t-on dit, les expreſſions de ſon Plaidoyer imprimé, où le Conſeil de Pondichéry, en effet, n'eſt pas nommé. Mais je ſupplie d'obſerver que mon Adverſaire n'a fait imprimer ſon Plaidoyer qu'après la diſtribution du mien. Cela eſt fort commode, d'attendre la réfutation, pour mettre au jour l'accuſation. Quant à moi, j'ai réfuté ce que j'ai entendu, & non pas ce que j'ai lu. Au reſte, ſans atteſter ici, comme je le pourrois encore, & comme je l'ai fait dans mon fecond Mémoire, fur la Fable des deux Journaux, le Parlement de Rouen, & la Ville toute entière, je m'en tiendrai au paſſage même du Plaidoyer imprimé, qui porte en toutes lettres que le Général Lally, *pendant le fiége de Tanjaour, à peine débarqué, n'ayant encore pû ni fe faire aimer, ni fe faire haïr, odieux par fon nom feul de réformateur ;* (réformateur, quelle pitié ! Citez-nous un feul abus qu'il ait travaillé à réformer ! Nommez-nous un feul de nos Etabliffements qu'il n'ait pas livré ou abandonné ! Hélas ! Il n'étoit venu dans l'Inde que pour détruire, non les abus, mais jufqu'au fouvenir du nom François ;) *il avoit penfé être arrêté, comme l'a été depuis Lord Pigot par fes fubalternes.... COMME L'A ÉTÉ DEPUIS LORD PIGOT PAR SES SUBALTERNES !....* Mon Adverfaire voudra-t-il bien nous dire quels étoient *ces fubalternes* de Lord Pigot qui l'ont fait arrêter ? N'étoit-ce point le Confeil de Madras ? Heureufement que les Papiers publics répondront pour lui. A l'Audience, il nomme fans héfiter, ce Confeil & celui de Pondichéry. Dans fon Plaidoyer imprimé, il ne nomme ni l'un ni l'autre. Mais qui peut s'y méprendre ? La comparaifon eſt affez claire. Les mots s'envolent, les Ecrits reftent, mon Adverfaire le fçait ; & quand il parle, il accufe, quand il écrit, il indique ; mais moi, je ne fouffre pas plus les indications équivoques & les comparaifons calomnieufes, que les accufations directes. Et, puifque mon Adverfaire nie aujourd'hui l'accufation, il trouvera bon du moins que je détruife l'Indication, & que je le pourfuive, jufques dans la comparaifon où fe retranchent la calomnie & lui.

Qu'il ceffe donc d'équivoquer fur l'imputation du complot qu'il reprochoit en pleine Audience au Confeil de Pondichéry. Ce qu'il a plaidé, ce qu'il a publié, ne diffèrent que par les mots ; le but eſt bien le même.

Or maintenant, ſur quoi mon Adverſaire fait-il porter, ou l'aſſertion qu'il a plaidée, ou la comparaiſon calomnieuſe qu'il a imprimée contre le Conſeil de Pondichéry, préſidé par mon Oncle ? Sur le témoignage de M. le Chevalier de Crillon. Voyons donc ce témoignage. *Je n'ai point dit que le Conſeil de Pondichéry m'avoit propoſé de faire arrêter M. de Lally. J'ai dit que cette propoſition m'a été faite pendant le ſiége de Tanjaour, par un Particulier dont j'ai même oublié le nom, auquel je répondis que tant qu'il reſteroit des bayonnettes & des Soldats du Bataillon de l'Inde, que j'avois l'honneur de commander alors, je défendrois juſqu'à la dernière goutte de mon ſang le Général que le Roi nous avoit donné.*

Ce paſſage eſt formel. J'y diſtingue le complot de Pondichéry, & la propoſition du Tanjaour. S'agit-il du complot imputé au Conſeil par mon Adverſaire, ſur la foi prétendue de M. le Chevalier de Crillon ? M. de Crillon le déſavoue. S'agit-il de la propoſition faite à M. de Crillon pendant le ſiége de Tanjaour ? Que m'importe ? Qu'a de commun la mémoire de mon Oncle avec l'Auteur de cette propoſition ? Tel fut mon premier mot à M. de Crillon, & je m'y ſerois tenu, ſi M. de Crillon n'avoit pas dans la même Lettre, qui paroît juſtifier mon Oncle & le Conſeil, autoriſé contre eux ; l'imputation calomnieuſe de mon Adverſaire, par ces paroles très-remarquables : *Voilà, Monſieur, l'exaĉte vérité ; je n'en inſtruiſis jamais le père, je l'ai dit au fils : & en vérité, le fils du Comte de Lally a bien pû ſe permettre des conjeĉtures.*

Il auroit fallu, ce me ſemble, fermer volontairement les yeux à l'évidence, pour ne pas voir que cette dernière
phraſe,

phrafe, deftinée aux commentaires d'une plume ennemie, détruifoit entiérement l'effet de la première , *je n'ai point dit*. M. de Crillon n'a point dit, mais il permet qu'on dife; il n'a point accufé le Confeil, mais il prend à témoin la vérité , du droit qu'on avoit , felon lui, d'étendre fon témoignage par des conjectures : or ces conjectures , que M. de Crillon n'ignoroit plus d'après ma Lettre du 29 Mai 1780 , n'étoient pas autre chofe qu'une accufation bien formelle contre mon Oncle & le Confeil, d'avoir voulu faire arrêter le Général Lally. C'eft là ce que j'ai entendu ; c'eft là ce que j'ai répété au Chevalier de Crillon; c'eft fur cela que M. de Crillon m'a répondu ; enfin c'eft fur cela que M. de Crillon autorife, par fa première Lettre, fous le nom de *conjectures*, des affertions qui portoient fur mon Oncle , en bleffant la Vérité.

Tout ceci bien compris, tranchons dans le vif; difcutons la propofition même du Tanjaour; affoibliffons, puifqu'on m'en fait un devoir, l'autorité conjecturale de M. de Crillon; & que la néceffité d'une jufte défenfe foit enfin mon excufe, fi j'apprends au Public que M. le Chevalier de Crillon a été entendu en dépofition dans le Procès du Général Lally , le Vendredi premier Mars 1765 , qu'il s'eft livré à d'affez longs détails fur l'expédition du Tanjaour, depuis le départ de Pondichéry jufqu'à la levée du fiége : *qu'il attribue en partie le défaut de fuccès au peu de précautions prifes pour s'affûrer des munitions de Guerre, & fur l'opinion trop confiante où l'on 'étoit que la feule approche de l'Armée détermineroit le Roi de Tanjaour à foufcrire aux conditions qu'on voudroit lui impofer : qu'il parle de quelques contributions en argent fournies par ce Roi ; d'une négociation commencée par le Miniftère du Père S. Eftevan : du fiége entrepris pendant la négociation & malgré les ôtages envoyés de part & d'autre : de la bréche jugée praticable, & de l'affaut ordonné pour le lendemain aux ordres du Comte d'Eftaing : du Confeil de guerre, tenu pour examiner ce qu'on pouvoit attendre de l'affaut projetté : du manque de poudre : de la feconde enceinte de muraille foupçonnée : de la conclufion du Confeil de Guerre à la levée du fiége : de la fortie des Ennemis : de l'irruption de quelques uns de leurs chefs dans notre camp, & même au quartier Général : du rifque affez grand couru par le Comte de Lally : de l'iffue de cette infructueufe tentative des Tanjaouriens : de la levée du fiége : enfin de la retraite,* dont les details, dit M. de Crillon, *n'ont rien d'intéreffant,* & c'eft par où finit, dans fa dépofition, l'article du Tanjaour.

Or voyez-vous en tout cela, Lecteur, dont je partage la furprife inexprimable, voyez-vous un feul mot de cette propofition faite à M. le Chevalier de Crillon, c'eft-à-dire AU DÉPOSANT, *pendant le fiége de Tanjaour, de faire arrêter M. de Lally par un particulier dont il a même oublié le nom?* Avançons. Qu'à répondu le Chevalier de Crillon à ce particulier fi remarquable dont le nom lui eft échappé ? il me l'apprend lui-même, & voici toujours les termes de fa Lettre du 5 Juin 1780. *Je répondis que tant qu'il refteroit des bayonnettes & des Soldats du bataillon de l'Inde que j'avois l'honneur de commander alors, je défendrois jufqu'à la dernierre goutte de mon fang le Général que le Roi nous avoit donné.....* Cette éloquente réponfe n'étoit pas celle qu'il falloit faire. M. le Chevalier de Crillon ne devoit point parler, mais agir; il devoit s'affurer de l'auteur de la pro-pofition féditieufe, & fur-tout ne pas oublier fon nom. *Voilà Monfieur,* ajoute M. de Crillon, *toujours dans la même Lettre, l'exacte vérité. Je n'en inftruifis jamais le Père...*

tant pis, Monſieur; il falloit en inſtruire votre Général dans l'Inde, & ſes Juges en France. Eh! quoi! votre Général, accuſé, empriſonné, prêt à périr ſur l'échaffaut, ſe faiſoit un moyen de ce qu'il étoit, diſoit-il, entouré dans l'Inde d'ennemis & de piéges: & vous, Monſieur, vous inſtruit d'un complot tramé contre lui, vous à qui l'on a propoſé de le faire arrêter, vous qui pouviez *très-facilement trouver le fil de ce complot abominable*, c'eſt vous-même qui me l'apprenez dans votre Lettre du 15 Juin 1780, vous avez fait à votre Général un horrible myſtère de ce complot, non-ſeulement au moment du péril, mais dans toute la durée de ſon commandement! que dis-je? revenu en France, appellé en témoignage, après avoir levé la main d'un Crillon devant Dieu & la Juſtice, vous avez laiſſé périr votre Général ſous le fer d'un Bourreau, avec l'odieux nom de traître, ſans parler de ce complot, ſans lui fournir un moyen de cette force! Ah Monſieur! s'il étoit vrai que le Général Lally fût innocent: s'il étoit vrai que le complot du Tanjaour eût exiſté: s'il étoit vrai que ce complot eût dû produire une ſeule ligne dans la défenſe de votre Général, ſouffrez qu'on vous le diſe, auteur de l'ignorance où la Juſtice ſeroit demeurée, obſtacle volontaire des informations qu'elle n'auroit pas faites, vous ſeriez reſponſable du ſang qu'on a verſé.

Je l'ai dit au fils . . . . . . Toujours la Lettre du 5 Juin 1780. Tant pis, Monſieur, tant pis encore. Vous l'avez dit trop tard. Ce fils ſi tendre auroit dû vous répondre, *que ne l'avez-vous dit à mon père, ou du moins à ſes Juges?* Pour moi je vois bien un complot dans tout ceci; mais ce n'eſt ni au Tanjaour, ni contre le Général Lally.

Et en vérité, c'eſt toujours le Chevalier de Crillon qui

me parle dans la même Lettre , *le fils du Comte de Lally a bien pû se permettre des conjectures* . . . . Telle est la phrase énigmatique dont je suis parvenu, avec un peu de logique & de fermeté, à tirer du Chevalier de Crillon une explication satisfaisante au sujet de mon oncle, accompagnée d'expressions peu décentes à mon égard. Il est temps qu'au moyen de notre Correspondance le Public en juge par lui-même. Remettons cette Correspondance sous ses yeux, sans commentaire. Ma méthode n'est pas de chercher à séduire mes Lecteurs , & ma Cause n'a pas besoin de toutes ces ruses de l'Art. Le mien à moi, dans cette Cause vraiment publique, où je défie qu'on me trouve un intérêt qui ne soit pas celui de la Patrie & de l'honneur , fût & sera toujours d'exposer nettement les faits & les preuves.

De M. d'Éprémesnil à M. le Chevalier de Crillon.

MONSIEUR LE COMTE , (a)

LE sieur Tolendal, Curateur à la mémoire du Comte de Lally , a plaidé à Rouen, *que le Conseil de Pondichéry avoit voulu faire arrêter le Général Lally , & lui faire subir le même traitement que le Conseil de Madras a depuis fait éprouver à Lord Pigot.* Il a osé vous attester sur ce fait. J'ai répondu que cette assertion étoit une calomnie, & que j'adresserois mon Plaidoyer au descendant du brave Crillon : l'article est à la page 272. Je remplis cet engagement, & je saisis cette occasion de vous offrir l'hommage du respect avec lequel je suis ,

MONSIEUR LE COMTE ,

Votre très-humble & très-obéissant serviteur. *Signé*, D'ÉPRÉMESNIL.

Paris , ce 29 Mai 1780.

____

(a) On m'avoit dit que M. le Chevalier de Crillon prenoit cette qualité.

De M. le Chevalier de Crillon à M. d'Éprémesnil.

J'AI reçu, MONSIEUR, la Lettre que vous m'avez fait l'honneur de m'écrire, ainsi que votre Plaidoyer que je lirai avec une extrême attention.

Je me hâte de vous donner l'éclaircissement que vous paroissez désirer. Je n'ai point dit que le Conseil de Pondichery m'avoit proposé de faire arrêter M. de Lally. J'ai dit que cette proposition m'a été faite pendant le siége de Tanjaour, par un particulier, dont j'ai même oublié le nom, auquel je répondis que, tant qu'il resteroit des bayonettes & des Soldats du Bataillon de l'Inde, que j'avois l'honneur de commander alors, je défendrois, jusqu'à la dernière goutte de mon sang, le Général que le Roi nous avoit donné. Voilà, Monsieur, l'exacte vérité : je n'en instruisis jamais le père, je l'ai dit au fils *, & en vérité le fils du Comte de Lally a bien pû se permettre des conjectures ; je crois lui devoir communiquer votre Lettre & ma réponse, & je m'engage à la même démarche envers vous en pareille circonstance.

J'ai l'honneur d'être très-parfaitement, Monsieur, votre très-humble & très-obéissant serviteur.

Signé, LE CHEVALIER DE CRILLON,

ce 5 *Juin* 1780.

---

* Si M. de Crillon s'en fût tenu là, je n'avois plus qu'à le remercier, & notre Correspondance étoit finie ; mais la phrase qui suit, pouvois-je la passer sous silence ? M. de Crillon a senti lui-même, mais un peu tard, qu'elle avoit besoin d'explication.

De M. d'Éprémesnil à M. le Chevalier de Crillon.

J'AI reçu, Monfieur, la Lettre que vous m'avez fait l'honneur de m'écrire le 5 Juin 1780, en réponfe à la mienne, & je ne puis que vous remercier, Monfieur, d'avoir envoyé l'une & l'autre au Défenfeur du Comte de Lally. M. le Marquis de Montmorency, à qui j'ai pris auffi la liberté d'écrire, fur un article qui le touchoit, en a fait autant.

Au refte, Monfieur, j'étois bien sûr que votre Lettre feroit une forte réponfe, non pas aux conjectures, mais aux téméraires affertions du Défenfeur de M. de Lally. Il n'a pas conjecturé, il a plaidé formellement, que, *le Confeil de Pondichery avoit voulu faire arrêter M. de Lally, & lui faire fubir le même traitement que le Confeil de Madras a depuis fait éprouver à Lord Pigot.* Ce furent fes propres termes, à l'appui defquels il a, Monfieur, invoqué votre témoignage ; mais le voilà démenti par votre Lettre.

Vous me faites l'honneur de me dire que cette propofition *de faire arrêter M. de Lally vous a été faite durant le fiége du Tanjaour par un particulier dont vous avez même oublié le nom.* C'est donc le rêve d'un homme trop obfcur pour que fon nom vous ait frappé, trop ifolé pour qu'on ait apperçu la plus légère commotion, foit au Tanjaour parmi les Troupes, foit à Pondichéry dans le Confeil, que le Curateur à la mémoire du Comte de Lally traveftit, fous votre nom, en un complot du Confeil de Pondichéry, contre le Général Lally, tel qu'on a vu depuis le Confeil de Madras en former un contre Lord Pigot.

Je dis plus. Vous comptiez, Monfieur, fur les Soldats

du Bataillon de l'Inde pour défendre le Général. Vous répondites, & vous me faites l'honneur de me l'apprendre, *que tant qu'il resteroit des bayonettes & des Soldats du Bataillon de l'Inde, que vous aviez l'honneur de commander alors, vous défendriez jusqu'à la dernière goutte de votre sang le Général que le Roi vous avoit donné.* Monsieur, je crois devoir vous apprendre à mon tour, que le Curateur à la mémoire du Comte de Lally a parlé en pleine Audience du Bataillon de l'Inde avec le dernier mépris; qu'il a peint aux yeux du Parlement & du Public, ce Corps Militaire, qu'un descendant du brave Crillon s'honore d'avoir commandé, comme une Troupe sans valeur & sans discipline, donnant l'exemple à toutes les autres de la lâcheté devant l'ennemi, & de l'insubordination devant le Général : mais, sur ce point, comme sur le premier relatif au Conseil, le voilà confondu encore par votre Lettre.

Monsieur, le sang de Crillon coule dans vos veines : je vous supplie par ce sang généreux, je vous supplie sur votre honneur, de me dire si vous croyez qu'il soit permis au Défenseur du Comte de Lally, même de conjecturer que mon Oncle & le Conseil ayent jamais pensé à faire arrêter le Général? Sur quel fondement vous le croiriez? Si vous croyez, par exemple, que la proposition du Tanjaour puisse être attribuée, même indirectement, soit au Conseil, soit à mon Oncle, & sur quel indice vous asséoiriez cette opinion? Je vous supplie, dis-je, Monsieur, par votre nom, par votre loyauté, de ne rien taire à ce sujet, & d'accabler, s'il le faut, mon oncle & moi sous le poids de la vérité. Ma Cause exige que je publie ma première Lettre, la vôtre & celle-ci; j'ai l'honneur de vous en prévenir.

Et pour vous mettre à portée de fixer votre opinion sur

le Commiſſaire du Roi & le Gouverneur de Pondichéry, permettez-moi, Monſieur, de vous adreſſer un Exemplaire de leur correſpondance.

J'ai l'honneur d'être très-parfaitement, Monſieur, votre très-humble & très-obéiſſant ſerviteur. *Signé*, D'ÉPRÉMESNIL.

A Oʒoüer-la-Ferrière, *le* 10 *Juin* 1780.

De M. le Chevalier de Crillon à M. d'Éprémeſnil, le 15 Juin 1780.

J'AI reçu, Monſieur, en arrivant de la campagne, la Lettre que vous m'avez fait l'honneur de m'écrire, ainſi que le Mémoire qui contient la correſpondance.

Vous me preſſez pour ſçavoir ce que je penſe ſur la propoſition qui me fût faite, au Tanjaour, d'arrêter M. le Comte de Lally. Je veux bien me rendre à vos preſſantes inſtances. Eh bien, je vous jure ſur mon honneur, que je crois fermement, que ſi j'euſſe accueilli la propoſition, le rêve de l'homme obſcur ſe ſeroit réaliſé. J'ajoute à cette aſſertion que, bien loin de me permettre aucune réflexion à ce ſujet, j'en conçus une ſi grande horreur, que je m'impoſai, dans le moment, la loi de ne jamais en parler dans l'Inde, & que je ne cherchai point à ſuivre le fil de cet abominable complot, qu'il m'eût été alors très-facile de trouver. Voilà la vérité que vous m'arrachés. Il n'eſt pas permis de mentir, mais il eſt permis de ſe taire; la vérité, nous ne la devons qu'aux Juges, notre opinion à nos amis: vous avez la liberté de me faire des queſtions, j'ai le droit de ne pas y répondre : j'ai l'honneur de vous prévenir que j'en uſerai dorénavant, je ne veux pas m'expoſer à ce que

chacune

chacune de mes phrafes, que chaque mot foit interprêté, difféqué, imprimé : la vérité eft fimple, fes expreffions ne doivent pas être mifes à la torture.

Vous me propofés d'écrafer M. votre oncle & vous, quelle propofition ! vous me connoiffez mal, Monfieur d'Éprémefnil, fi je pouvois le faire, je m'y refuferois, &, je vous le jure, je ne dois, ni ne veux jouer aucun rôle dans cette malheureufe Affaire.

J'ai l'honneur d'être, Monfieur, votre très - humble & très-obéiffant ferviteur.

Signé, LE CHEVALIER DE CRILLON.

P. S. Lorfque je vous refufe mes réflexions & mon opinion, je vous avertis que vous auriez grand tort d'en tirer aucun avantage pour votre Caufe ; je ferai toujours prêt à vous répondre fort laconiquement fur les faits que M. de Lally ou autres pourroient avancer, en me citant comme témoin.

Je vais, ainfi que j'ai eu l'honneur de vous en prévenir dans ma première Lettre, faire paffer celle-ci & la vôtre à M. de Lally.

De M. d'Éprémefnil, à M. le Chevalier de Crillon.

Paris, ce 16 Juin 1780, 11 heures du foir.

J'arrive de la Campagne, Monfieur, j'y retourne demain, on me remet la Lettre que vous m'avez fait l'honneur de m'écrire hier. Le temps me manque, & ne me permet pas d'y répondre : mais je remplirai ce devoir envers vous, mon oncle & moi dans le cours de la femaine prochaine; il ne s'agit plus, Monfieur, de former des conjectures, ni de propofer des queftions, mais d'établir des preuves. J'efpere que M. le Chevalier de Crillon m'a rendu la juftice de croire, en écrivant fa derniere Lettre, que je n'héfiterois pas à publier ces preuves, après les lui avoir adreffées.

J'ai l'honneur d'être, Monfieur, votre très-humble & très-obéiffant ferviteur.

Signé, D'ÉPRÉMESNIL.

De M. d'Éprémefnil, à M. le Chevalier de Crillon.

A Ozoüer-la-Ferriere, ce 18 Juin 1780.

Je reviens, Monfieur, à la Lettre que vous m'avez fait l'honneur de m'écrire le 15 de ce mois. Vous l'avez envoyée à M. de Tolendal; elle fera publique; elle exige une réponfe qui le devienne; je n'ai pas balancé un inftant fur celle que j'avois à faire, le temps feul m'a manqué, j'ai cru devoir vous en prévenir fur le champ, j'efpere aujourd'hui vous en convaincre.

J'ai pris, Monfieur, la liberté de vous demander deux chofes par ma Lettre du 10. Premiérement, *fi vous croyiez qu'il fût permis au défenfeur du Comte de Lally, même de conjecturer que mon Oncle & le Confeil euffent jamais penfé à faire arréter le Général, & fur quel fondement?* Secondement, *fi vous croyiez, par exemple, que la propofition du Tanjaour pût être attribuée, même indirectement, foit au Confeil, foit à mon Oncle, & fur quel indice?* Voici votre réponfe. *Je veux bien bien me rendre à vos preffantes inftances. Eh bien, je vous iure, fur mon honneur, que je crois fermement que fi j'euffe accueilli la propofition, le rêve de l'homme obfcur fe feroit réalifé.* A cela, Monfieur, j'ai l'honneur de vous obferver que votre réponfe n'eft ni claire, ni complette. *Vous voulez bien vous rendre,* me dites-vous, *à mes preffantes inftances.* Permettez-moi de vous dire que me répondre ainfi, ce n'eft pas vous y rendre. J'ai l'honneur de vous demander formellement fi vous croyez que *mon Oncle & le Confeil puiffent être fufpectés d'un complot contre le Général,* & vous ne me répondez pas un feul mot *fur mon Oncle ni le Confeil.* J'ai l'honneur de vous demander fur quel fondement vous croiriez à ce complot de la part de mon Oncle & du Confeil, & vous ne me donnez pas dans votre Lettre le plus léger indice. Je n'ai point demandé à M. le Chevalier de Crillon *fon opinion ifolée fur la propofition du Tanjaour;* je lui ai demandé *fon opinion motivée à l'égard de mon Oncle & du Confeil fur cette propofition.* Or M. le Chevalier de Crillon, non-feulement ne me donne pas fon opinion motivée fur la propofition en elle-même; mais encore ne me donne aucune efpece d'opinion à l'égard de mon Oncle & du Confeil fur cette propofition.

Cependant, M. de Tolendal à qui vous envoyez vos Lettres & les miennes, ne manquera pas de commenter à fa manière votre opinion, quoique non motivée. Mais à qui l'appliquera-t-il cette opinion? fera-ce aux habitans de Pondichéry féparément? cette nouvelle idée feroit abfurde. Sera-ce aux Troupes du Roi faifant la Guerre au Tanjaour? les d'Eftaing & les Fumel dont les noms me reviennent les premiers fur ceux de beaucoup d'autres Officiers braves & fideles qui commandoient ces Troupes au Tanjaour lui répondront pour moi. Sera-ce aux Troupes du Roi attachées à la Compagnie, c'eſt-à-dire au bataillon de l'Inde ? M. le Chevalier de Crillon qui s'honore d'avoir commandé ce bataillon, qui comptoit ſur lui pour défendre le Général, & qui me l'a écrit, l'a vengé d'avange de cette injure, auſſi bien que des reproches d'inſubordination & de lâcheté faits en pleine audience à ce corps irréprochable par un jeune imprudent à qui les calomnies ne coutent rien. Enfin , ſera-ce au Conſeil de Pondichéry, & par conſéquent au Gouverneur qui le préſidoit ? ſans doute. Et telle eſt en effet l'aſſertion de M. de Tolendal. Or cette aſſertion, Monſieur le Chevalier, il oſe l'avancer à l'abri de votre nom. Daignez donc la déſavouer , ou l'autoriſer nettement.

Je croyois, Monſieur, avoir lu ce déſaveu dans ces paroles de votre Lettre du 5 de ce mois, *Je n'ai point dit que le Conſeil de Pondichéry m'avoit propoſé de faire arrêter M. de Lally. J'ai dit que cette propoſition m'a été faite pendant le ſiége de Tanjaóur par un particulier, dont j'ai même oublié le nom.....* La propoſition d'un particulier dont le nom même ne vous a point frappé m'eſt tout-à-fait indifférente. Mais voici qui ne l'eſt pas. *Je n'en inſtruiſis jamais le Père ,.....* ajoutez-vous, Monſieur, dans la même Lettre, *je l'ai dit au Fils , & en vérité le fils du Comte de Lally a bien pu ſe permettre des conjectures. Je crois lui devoir de lui communiquer votre Lettre & ma réponſe.*

Sur cela, Monſieur, voici comme j'ai raiſonné, & comme je penſe que tout autre eût raiſonné à ma place. *On propoſe à M. le Chevalier de Crillon de faire arrêter M. de Lally. M. le Chevalier de Crillon n'a point dit que cette propoſition vint du Conſeil de Pondichéry. Mais il croit qu'en vérité le Fils du Comte de Lally a bien pû ſe permettre des conjectures.*

Il me déclare fon opinion, à moi, neveu & défenfeur du Préfi-
dent de ce Confeil, & la communique au curateur du Général.
Donc M. le Chevalier de Crillon paroit autorifer par fon opinion,
au moins les conjectures de ce curateur : donc je dois demander
à M. le Chevalier de Crillon fi telle eft fon intention, & fur
quoi elle eft fondée.

Tel étoit, Monfieur, l'objet de mes preffantes inftances.
Je crois avoir eu l'honneur de vous les expliquer très-clai-
rement. Que M. de Tolendal conjecture à la faveur de
votre opinion contre qui bon lui femblera, pourvu que ce
ne foit pas contre mon Oncle & le Confeil, fes conjectures
me font indifférentes. Mais qu'autorifé par vous, il rende
mon Oncle & le Confeil fufpects d'un complot contre le
Général, voilà ce que je ne dois ni veux fouffrir, voilà le
point fur lequel j'ai dû, Monfieur, vous demander un
éclairciffement, voilà l'objet de mes inftances.

En réponfe à ces inftances, vous m'adreffez votre opinion
particuliere, fans la motiver, fur la propofition du Tanjaour; vous me parlez d'un complot abominable dont vous
ne cherchâtes point à fuivre le fil, qu'il vous eût été alors très-
facile de trouver : *que telle eft la vérité, & que je vous l'arrache;*
expreffion très-précieufe pour M. de Tolendal, fi je veux
le laiffer faire. Enfuite vous me déclarez que vous uferez
dorénavant du droit de ne pas répondre à mes queftions.
Je vous ai prié d'accabler, s'il le falloit, mon Oncle &
moi fous le poids de la vérité; vous me répondez à cela
que, *je vous connois mal,* que, *fi vous pouviez le faire, vous*
vous y refuferiez. On pourroit en conclurre que vous ne
pouvez donc pas le faire. Mais vous femblez, Monfieur,
avoir voulu m'ôter le droit de raifonner ainfi par le *poft-*
fcriptum de votre lettre, où vous me dites, *lorfque je vous*

refuſe mes réflexions & mon opinion, je vous avertis que vous auriez grand tort d'en tirer aucun avantage pour votre cauſe, & vous finiſſez par m'annoncer que vous allez faire paſſer votre réponſe & ma lettre à mon Adverſaire.

La concluſion de tout cela, Monſieur, eſt évidente. C'eſt que vous autoriſés contre mon Oncle & le Conſeil les conjectures que vous croyez permiſes à M. de Tolendal ſur la propoſition du Tanjaour. Non-ſeulement vous les autoriſés, mais vous les dirigés; non-pas, il eſt vrai, d'une maniere auſſi nette que j'avois lieu de l'eſpérer, mais de façon à ne pas m'y méprendre. Daignez, Monſieur, me ſuivre.

M. de Tolendal plaide expreſſément que le Conſeil de Pondichéry a voulu faire arrêter le Général Lally, & le traiter comme celui de Madras a traité Lord Pigot. Il vous invoque à l'appui de cette aſſertion. Je ſoutiens que cette aſſertion eſt une calomnie, qu'un deſcendant du brave Crillon ne l'affirmera jamais, que je vous adreſſerai mon Plaidoyer. Je vous l'adreſſe purement & ſimplement, ſans vous faire, Monſieur, de queſtions. Vous m'écrivez de vous-même, que, *vous n'avez pas dit que le Conſeil vous eût propoſé de faire arrêter M. de Lally, mais qu'en vérité ſon fils avoit bien pû ſe permettre des conjectures, & que vous lui envoyez votre Lettre & la mienne;* première preuve que vous autoriſez ſes conjectures.

Je l'ai ſenti; j'ai cru devoir vous demander l'explication nette & préciſe de cette phraſe à l'égard du Conſeil & de mon Oncle: ſi vous autoriſiez en effet ces conjectures, &, ſur quel fondement? Vous me dites que vous allez répondre à mes Inſtances. Mais, ſans le faire directement, ſans inculper clairement mon Oncle ni le Conſeil, ſans me donner aucun motif de votre opinion, vous me parlez en termes vagues d'un complot abominable que vous auriez pû, dans le temps, mais que vous n'avez pas voulu éclaircir : après quoi, comme ayant quelque regret pour moi à cette confidence, *voilà*, me dites-vous, *la vérité que vous m'arrachez*. Cette expreſſion, Monſieur, jointe au refus de me répondre cathégoriquement ſur mon Oncle & le Conſeil, ne couvre pas des vérités indifférentes ou précieuſes à la mémoire que je défens : elle vient donc à l'appui des conjectures que vous croyez permiſes à M. de Tolendal, & qu'il va, lui, juſqu'à changer en aſſertions ; ſeconde preuve, que peu content d'autoriſer ces conjectures, vous les dirigez contre mon Oncle.

Vous prier d'accabler, s'il le falloit, mon Oncle & moi ſous le poids de la vérité, c'eſt vous connoître mal. Et vous vous écriez, *quelle propoſition !* J'oſe, Monſieur, m'écrier à mon tour, quelle réponſe ! Vous m'avez mal connu, Monſieur le Chevalier, ſi vous avez penſé que je m'en tiendrois à l'obſcurité de votre Lettre abandonnée aux commentaires de M. de Tolendal. Je crois me connoître en honneur. Si je vous avois prié d'accabler gratuitement un tiers ſous le poids de la vérité, J'aurois eu tort ; mais vous la demander contre moi-même, vous la demander contre une mémoire inſéparable de ma perſonne, c'étoit, Monſieur, le procédé d'un homme ſûr de ſon fait, qui ne vouloit point de ménagement, parce qu'en effet il ne craignoit pas la vérité. Je ne la crains pas aujourd'hui plus qu'avant ma première Lettre, Monſieur le Chevalier. Vous ne m'avez pas répondu que la vérité ne vous donneroit pas le moyen d'accabler mon oncle & moi, mais que l'honneur vous le défendroit. Il ſemble que ſi vous ne nous accablez pas, c'eft par délicateffe, & non par juftice. Ainfi , après avoir permis à M. de Tolendal, au moins des conjectures fur un complot qu'il impute à mon Oncle, vous accordez à celui-ci de fimples ménagemens qui laiffent des nuages fur fa mémoire; troifiéme preuve que vous autorifez, que vous dirigez ces conjectures contre mon Oncle.

C'eft peu , Monfieur : vous craignez que je ne me faffe un titre de ces ménagemens eux-mêmes : & vous m'avertiffez *que j'aurois grand tort d'en tirer aucun avantage pour ma Caufe, & cet avertiffement fera communiqué par vous à M. de Tolendal.* Ici, Monfieur, la démonftration eft complette. Vos intentions ne font plus un myftère. Je me crois difpenfé de les développer : elles fautent aux yeux. Votre opinion, ces vérités que je vous ai, dites-vous, *arrachées*, cette réponfe obfcure à des inftances auffi claires que preffantes, ces ménagemens envers mon oncle & moi, cette attention de m'ôter les avantages que je pourrois en tirer, tout, jufqu'à votre principe *qu'il eft permis de fe taire*, tout, dis-je, prouve démonftrativement que vous ne permettez pas feulement à mon Adverfaire des conjectures, mais que vous les autorifez, que vous les appellez, que vous les dirigez contre mon Oncle & le Confeil.

Vous le voyez, Monfieur, j'aborde fans détour le point de la difficulté. Je ne veux ni la diffimuler, ni l'affoiblir. Je ne ferme pas les yeux à la lumière, mais il eft temps que cette lumière ferve à ma Caufe. La vérité, me dites-vous, Monfieur, eft fimple. Oui, afsûrément. Auffi vais-je réduire cette longe Lettre à fix propofitions très-fimples & très-précifes.

M. de Tolendal a calomnié mon Oncle & le Confeil,

en les accusant d'un complot contre le Général **Lally**; première propofition.

M. de Tolendal a compromis le nom de M. le Chevalier de Crillon, en l'invoquant à l'appui de cette calomnie; feconde propofition.

M. le Chevalier de Crillon non-feulement permet à **M.** de Tolendal des conjectures fur ce complot, mais même il autorife, appelle, dirige ces conjectures contre mon Oncle & le Confeil; troifiéme propofition.

M. d'Éprémefnil eft perfuadé que M. le Chevalier de Crillon ne parle & n'agit point fans s'y croire autorifé par quelques motifs. Mais il penfe que M. le Chevalier de Crillon ne doit pas taire ces motifs, puifqu'en les taifant, il rendroit fufpect un homme irreprochable. Sur ce point, M. d'Éprémefnil s'en rapporte à la loyauté de M. de Crillon; quatriéme propofition.

Quand M. le Chevalier de Crillon aura publié ces motifs, M. d'Éprémefnil s'engage à les détruire tous, jufqu'au dernier; cinquiéme propofition.

En attendant, M. d'Éprémefnil déclare que M. de Leyrit & le Confeil n'ont jamais comploté contre le Général **Lally**, que la propofition du Tanjaour ne peut pas leur être attribuée, même indirectement : qu'il n'eft pas même permis à M. de Tolendal de le conjecturer : que M. le Chevalier de Crillon lui-même ne peut donner aucun motif bien fondé à l'appui de ces conjectures; & M. d'Éprémefnil refufe à cet égard toute efpéce de ménagemens. Sixiéme & dernière propofition.

J'ai l'honneur d'être, Monfieur, votre très-humble & très-obéiffant ferviteur.

Signé, D'Eprémesnil.

D

De M. le Chevalier de Crillon à M. d'Éprémefnil.
Paris, le premier Juillet 1780.

J'ARRIVE, Monfieur, de la campagne, où j'ai paffé huit jours, & j'ai l'honneur de vous répondre.

Votre première plainte porte fur que je n'ai pas répondu clairement fur M. votre Oncle & fur le Confeil de Pondichéry ; mais vous n'avez pas voulu voir dans ma réponfe qu'il feroit à moi auffi injufte, que téméraire, d'inculper, ou de difculper. Une feule réflexion, qui, quoique très-fimple, vous eft échappée, au milieu de toutes celles qui vous ont frappé, fervira de réponfe aux fix propofitions qui terminent votre Lettre, & qui font l'extrait des fix pages qui la compofent. De là j'entrerai dans l'examen de mes phrafes, dont vous avez fait des chaînons bien artiftement enlacés : je vous prie de me fuivre.

Vous me demandez pofitivement fi l'on m'a propofé d'arrêter M. de Lally (a) : je réponds que oui. Vous me dites que le fils de M. le Comte de Lally a plaidé que c'étoit le Confeil de Pondichéry qui avoit formé ce projet : Je vous réponds que c'eft un particulier, dont j'ai même oublié le nom, qui m'a fait la propofition. Vous exigez enfuite que je vous dife fi je penfe que M. de Leyrit & le Confeil ont eu part à cette propofition, & fur qu'elles preuves je pourrois affeoir cette opinion. Je vous réponds que j'en ai conçu une fi grande horreur, que je me fuis impofé, dans le moment, la loi de n'en parler à perfonne d'ans l'Inde. Si je

---

(a) Ce n'eft point là ce que j'ai demandé à M. de Crillon ; mais bien, fi la propofition d'arrêter M. de Lally pouvoit être attribuée au Confeil. Cette propofition m'étoit indifférente, pourvu que le Confeil n'en fût pas accufé.

n'en ai parlé à perfonne, je n'ai pas pû m'inftruire ; première & facile réflexion (*a*) : J'ajoute que je n'ai pas voulu
fuivre le fil de cet abominable complot, qu'il m'eût été
alors très - facile de trouver. Seconde & facile réflexion :
fi je n'ai pas fuivi ce fil, je ne l'ai donc pas ; fi je ne l'ai
pas, je fuis dans l'impoffibilité exacte de vous inftruire (*b*) : Si
je fuis dans cette impoffibilité, je vous ai répondu cathégoriquement (*c*) : Si je vous ai répondu cathégoriquement,

---

(*a*) Pas fi facile. Le moyen, en effet, de deviner cette ignorance abfolue de M.
de Crillon fur un complot, *qui, fans lui fe feroit réalifé*, il l'a jugé ainfi, & me le
jure fur fon honneur ; dont *il auroit pû très-facilement trouver le fil*, il l'a jugé ainfi,
& me l'écrit avec candeur ; qu'il qualifie avec réflexion d'*abominable*, il l'a jugé
ainfi, & vingt lignes plus bas me le répète avec humeur ! Un complot fi bien apprécié
eft-il un myftère pour celui qui le juge ? Il pourroit bien fe faire que la troifiéme
Lettre de M. de Crillon effaçât les couleurs employées dans les deux premières.
Voyons, & choififfons, nous en avons le droit : Je m'en tiens à la troifiéme, qui
porte en elle-même tous les caractères d'une profonde méditation. Par cette Lettre,
nous apprenons que M. de Crillon *n'a pas pû s'inftruire*, fur la propofition de
l'homme du Tanjaour. S'il n'a pas pû s'inftruire, s'il ne s'eft pas inftruit, donc il
n'a pas pû fçavoir fi cette propofition cachoit réellement un complot *abominable* :
donc il n'a pas pû fçavoir fi *ce complot fe feroit réalifé* : donc il n'a pas pû fçavoir
s'il *étoit fort aifé d'en trouver le fil*. Je crois plus que jamais avoir bien fait, en
qualifiant cette propofition *de rêve d'un homme obfcur*. La politeffe & la raifon m'en
faifoient également la loi.

(*b*) *Si je n'ai pas fuivi ce fil, je ne l'ai donc pas* .... Cela eft vrai. *Si je ne
l'ai pas, je fuis dans l'impoffibilité exacte de vous inftruire* .... A la bonne
heure ; mais convenez auffi que vous êtes dans l'impoffibilité exacte d'autorifer, fous
le nom de *conjectures*, par une phrafe équivoque, l'affertion calomnieufe & nuifi-
ble-à mon Oncle, fur laquelle portoit ma première Lettre.

(*c*) *Cathégoriquement !* Point du tout ; & ma preuve, eft que vous êtes enfin obligé
d'expliquer dans cette Lettre trois de vos phrafes, en avouant, au moins pour
une, qu'elle a befoin d'explication. Une explication eft - elle néceffaire pour des
réponfes cathégoriques ? Je n'avois donc pas tort de vous demander des éclairciffe-
ments. La phrafe que vous expliquez la première eft précifément celle, chofe très-
remarquable ! qui m'a forcé à vous écrire ma feconde Lettre. On voit ici, dans
celle de M. de Crillon, un mélange d'humeur, d'équivoque, & de loyauté, le tout
exprimé en ftyles différents : la loyauté eft furement de M. de Crillon.

D ij

vous avez donc tort de vous plaindre, encore plus de tort de commenter, d'ofer écrire, d'ofer répéter que j'appelle, que j'autorife, que je dirige la marche du Défenfeur du Comte de Lally. Convenez, Monfieur, qu'avec de la fimplicité & un peu de bonne logique, on échappe quelquefois aux tournures dangereufes de l'efprit.

Je vais maintenant m'occuper de réhabiliter mes phrafes ; j'avois bien prévu leur malheureufe deftinée : vous leur cherchez à chacune un fens particulier : vous en faites enfuite un enfemble général ; vous les diftillés ; vous forcez tous les refforts ; vous m'affujettiffez à y rappeller le fens naturel que vous avez écarté ; vous m'obligez enfin à une profeffion de foi. Je vous l'envoye, Monfieur, pour vous, & pour tous les Lecteurs que vous m'annoncez.

Première Phrafe : *Le fils du Comte de Lally a bien pu fe permettre des conjectures.*

Je déclare que c'eft à fa caufe en général que j'ai appliqué cet axiome, & point du tout au fait particulier, dont vous me demandez l'inftruction. Je n'ai parlé des conjectures que comme d'un ufage immémorial dans toutes les difcuffions ; ufage conftamment pratiqué contre fon Père, & dont vous venez de lui donner un grand exemple dans votre lettre, entiérement conjecturale. Les conjectures d'ailleurs peuvent bien affoiblir ou fortifier les preuves, mais elles n'alterent jamais la marche invariable des faits.

Seconde Phrafe : *Voilà la vérité que vous m'arrachez.*

J'avoue que je vous dois une explication fur celle-ci : elle fera fimple ; j'avois dit à M. de Lally, en converfation fans aucun autre détail(a), que l'on m'avoit proposé d'arrêter son Père. Les détails que je vous donne de plus , la qualification de complet abominable, voilà ce que j'appelle la vérité que vous m'arrachez ; cette vérité se renferme uniquement dans ces bornes , & vous ne pouvez pas la propager au soutien des vues que vous me prêtez, ni les faire servir au profit des conséquences déplacées que vous en tirez.

Troisiéme Phrase : *Si je vous refuse mon opinion & mes réflexions , vous auriez grand tort d'en tirer aucun avantage pour votre cause.*

Pour celle-ci , je déclare que je la rends totalement commune à M. de Lally & à vous. Vous en avez fait une démonstration dans votre fistême ; j'en fais un acte authentique de neutralité, & je proteste contre toutes les interprétations que vous vous êtes permises.

Tout , jusqu'à un sentiment d'honnêteté pour vous & pour M. votre Oncle , que j'ai exprimé dans ma lettre, vous le tournez d'une manière désobligeante pour moi.

En vérité, Monsieur d'Éprémesnil , vous avez mis bien de l'art à brillanter des pierres fausses.

J'ai l'honneur d'être, Monsieur , votre très-humble & très-obéissant serviteur.

Signé, LE CHEVALIER DE CRILLON.

P. S. Quoique votre Correspondance me parût très-agréable dans toute autre circonstance, elle m'est si à charge

---

(a) *Sans aucun autre détail !* Cependant le sieur Tolendal se permet des détails , inculpe mon Oncle & le Conseil , à l'Audience , directement ; indirectement dans son Plaidoyer imprimé , & toujours sur la foi de M. de Crillon.

dans celle-ci, que je vous prie de la faire ceſſer. J'ai l'honneur de vous prévenir que je ne vous répondrai plus, & je ne vous donne cette aſſurance, que pour ne pas mériter le reproche d'impoliteſſe que vous ſeriez en droit de me faire. Je fais paſſer votre Lettre & ma réponſe à M. le Comte de Lally, ſelon la convention que j'ai priſe avec vous, dont vous m'avez remercié.

De M. d'Éprémeſnil, à M. le Chevalier de Crillon.
Paris, le 2 Juillet 1780.

Le Public décidera, Monſieur, ſi j'ai trop oſé.

Il décidera ſi, pouvant trouver facilement le fil d'un complot abominable formé contre M. de Lally, votre Général, le repréſentant du Roi, vous avez dû ne pas le ſuivre, laiſſer le Général pendant deux ans, dans l'ignorance des dangers qu'il couroit ; au milieu de ſes ennemis ; & taire ce complot, dans l'Inde, à M. de Lally, Général ; en France, à M. de Lally, accuſé, priſonnier, & ſur-tout à la Juſtice, pour en faire long-temps après, le ſujet d'une triſte & tardive confidence au Curateur à la Mémoire de votre Général condamné.

Au ſurplus, Monſieur, je trouve votre derniere Lettre plus ſatisfaiſante que les premières, parce qu'elle eſt plus claire, ou pour mieux dire, moins conjecturale.

Quant à *l'uſage des conjectures conſtamment pratiqué*, ſelon vous, Monſieur, *contre le Général Lally*, je renvoye cette phraſe à ceux qu'elle concerne dans votre eſprit, & je me diſpenſerai de les nommer & de les diſculper.

Ne dites pas, Monſieur, que ma derniere Lettre eſt

conjecturale. Permettez-moi de vous le rappeller. C'est vous qui formez des conjectures, & c'est moi qui les détruis. C'est moi qui vous déclare très-affirmativement, & j'ai l'honneur de vous le répéter, que personne au monde, pas même vous, Monsieur, ne peut former raisonnablement sur cette proposition séditieuse du Tanjaour , des conjectures qui nuisent au Conseil de Pondichéry, à mon Oncle, à ma Cause.

J'ai l'honneur , Monsieur, de répondre à vos raisonnements , je me tais sur le reste. Notre Correspondance pourroit dégénérer en une guerre de plume & d'esprit, & je vous jure , Monsieur le Chevalier, que ce n'a jamais été mon projet.

J'ai l'honneur d'être, Monsieur, votre très-humble & très-obéissant serviteur.

Signé, D'ÉPRÉMESNIL.

DIRAI-JE maintenant pourquoi je n'ai pas publié cette Correspondance? & tout Lecteur honnête ne le verra-t-il pas bien sans moi? ne verra-t-il pas que j'ai sacrifié au désir de ménager la gloire de M. de Crillon, la résolution prise, dans le premier moment, de livrer au grand jour notre Correspondance, & l'infaillible avantage de confondre mon Adversaire sur le fait important du complot qu'il imputoit au Conseil de Pondichéry, présidé par mon Oncle, contre le Général? Mais M. de Crillon n'en veut pas, de ces ménagements. Malgré ses protestations de neutralité, il s'est conduit en allié du sieur Tolendal : m'a-t-il fait part de ses Lettres à

celui-ci? m'a-t-il fait part des réponfes? non. Il me l'avoit pourtant promis. *Je crois devoir,* m'a-t-il dit, dans fa réponfe du 5 Juin 1780, *communiquer au fils du Comte de Lally votre Lettre & ma réponfe, & je m'engage à la même démarche envers vous, en pareille circonftance.* La circonftance n'eft-elle jamais arrivée? Le fait eft que M. de Crillon ne m'a rien communiqué. Il n'a donc rien reçu de la part du fieur Tolendal? Quoi! Pas une ligne? Pas un mot? Ni de remercîment, pour fes communications, ni d'envoi, pour les *obfervations?* Si mes Lettres au Chevalier de Crillon & fes réponfes intéreffoient mon Adverfaire, les obfervations de celui-ci fur ces mêmes Lettres & ces réponfes m'intéreffoient à mon tour: Si la délicateffe de M. de Crillon le portoit à communiquer notre Correfpondance au fieur Tolendal, il me femble que la même délicateffe auroit dû le porter à me communiquer le Commentaire fur cette Correfpondance, quelqu'humeur qu'il eût conçue de ma dernière Lettre. Il arrive pourtant que ce Commentaire court Paris & les Provinces, fans venir jufqu'à moi. Apparemment que M. le Chevalier de Crillon & moi fommes les feuls qui n'en avons pas reçu un Exemplaire. Dois-je le croire? On m'a dit que fes Lettres au défenfeur du Général Lally, en lui faifant paffer les miennes & les réponfes, refpiroient une amitié fœdérative; à la bonne-heure. J'ai mes Alliés auffi: qui font la vérité, l'amour des miens, le mépris de l'intrigue, la haine des traîtres, la loi & le temps. J'efpère que la Juftice fe fera raifon un jour à elle-même de ces intrigues & de ces traîtres. Sa voix incorruptible a déjà déconcerté plus d'une manœuvre. Quant à moi, je confens que fur mes propres Lettres au Chevalier de Crillon, & fur les fiennes comparées à fa dépofition,

poſition, on prononce entre lui & le ſieur Tolendal d'un côté, & moi de l'autre. Prenons la Lettre de M. de Crillon du 15 Juin 1780 : *Il s'eſt tramé au Tanjaour, contre le Général Lally, un complot abominable, dont il eût été alors très-facile au Chevalier de Crillon de trouver le fil* : Prenons ſa dépoſition : Il y parle, fort en détail, de l'expédition du Tanjaour, & n'y dit pas un mot de ce *complot abominable.* Auroit-il oublié la vérité dans ſa dépoſition ? L'auroit-il exagérée (a) dans ſes Lettres ? *Voilà la vérité que vous m'arrachez,* m'écrit M. de Crillon, dans la même Lettre : *il n'eſt pas permis de mentir ; mais il eſt permis de ſe taire. La vérité, nous ne la devons qu'aux Juges, notre opinion à nos amis* .... *LA VÉRITÉ, NOUS NE LA DEVONS QU'AUX JUGES* !........ Eh ! devant qui M. le Chevalier de Crillon étoit-il donc *le Vendredi premier Mars 1765, huit heures du matin, en la Chambre de l'Édit,* quand il dépoſoit, après avoir prèté ſerment de la dire, cette vérité ?

DU VAL D'ÉPRÉMESNIL.

P. S. Tandis qu'on travailloit à l'impreſſion de ce Mémoire, il m'eſt enfin tombé un Exemplaire des *Obſervations* dans les mains. C'eſt un Libelle affreux ; ma Réponſe eſt faite, on l'imprime, elle forme un Supplément qui ſera diſtribué ſous peu de jours. Mais je n'attendrai pas même ce peu de jours, pour demander juſtice d'une double infidélité commiſe dans l'Edition que mon Adverſaire a donnée de ma Correſpondance avec M. de Crillon.

Ces infidélités tombent ſur ma Lettre du 10 Juin 1780,

____

(a) *Oublié, exagéré.* J'aurois voulu trouver des termes encore plus doux.

E

qu'il a plû à mon Adverſaire, d'imprimer, je ne ſçais pourquoi, ſans la dater. Il eſt vrai que cette omiſſion n'a rien de
criminel ; elle prouve ſeulement un peu de négligence. Paſ-
ſons, & venons à l'infidélité.

Dans cette Lettre du 10 Juin 1780, le Lecteur, s'il a
comparé mon Edition à celle de mon Adverſaire, aura re-
marqué un paragraphe, qu'il me pardonnera néanmoins
de remettre encore ſous ſes yeux : tant il eſt néceſſaire de
prouver juſqu'à l'évidence, les infidélités , & de détruire
juſques dans la racine, les imputations, de mon Adverſaire !
Voici donc ce paragraphe, tel qu'il eſt figuré dans la Correſpondance originale :

« Je dis plus. Vous comptiez, Monſieur , ſur les Soldats
» du Bataillon de l'Inde pour défendre le Général. Vous
» répondîtes, & vous me faites l'honneur de me l'appren-
» dre, *que tant qu'il reſteroit des bayonnettes & des Soldats du*
» *Bataillon de l'Inde , que vous aviez l'honneur de commander*
» *alors , vous défendriez juſqu'à la dernière goutte de votre ſang*
» *le Général que le Roi vous avoit donné.* Monſieur, je crois
» devoir vous apprendre à mon tour , que le Curateur à la
» mémoire du Comte de Lally a parlé en pleine Audience
» du Bataillon de l'Inde avec le dernier mépris ; qu'il a peint
» aux yeux du Parlement & du Public, ce Corps Militaire,
» qu'un deſcendant du brave Crillon s'honore d'avoir com-
» mandé, comme une Troupe ſans valeur & ſans diſcipline,
» donnant l'exemple à tous les autres de la lacheté devant
» l'Ennemi, & de l'inſubordination devant le Général : mais
» ſur ce point, comme ſur le premier, rélatif au Conſeil, le
» voilà confondu encore par votre Lettre ».

C'eſt ſur ce paragraphe, figuré ici, je le répéte, comme

dans la Correfpondance originale , que mon Adverfaire a commis deux infidélités dans fon Edition.

La première , eft de l'avoir coupé en deux paragraphes diftincts , dont le premier eft terminé par ces expreffions , *que le Roi vous avoit donné*; & le fecond , bien détaché , commence par celles-ci : *Monfieur , je crois devoir vous apprendre à mon tour*, imprimées par mon Adverfaire en lettres majufcules, de manière à provoquer l'attention, à fixer le jugement du Lecteur en dépit de lui - même , fur les vues que mon Adverfaire alloit m'imputer, au moyen de l'affectation fuppofée de ma Lettre.

En effet , de ces expreffions , *Monfieur , je crois devoir vous apprendre à mon tour*, dénaturées par la feule manière de les imprimer , mon Adverfaire conclut que j'ai voulu le mettre aux prifes avec le Chevalier de Crillon. Je protefte de toutes les forces de mon cœur contre cette abominable conféquence; & j'efpère que ceux qui liront attentivement toutes mes Lettres à M. de Crillon, depuis la première ligne jufqu'à la dernière , ne me foupçonneront pas d'une penfée auffi lâche.

La vérité eft que ces mots, *Monfieur , je crois devoir vous apprendre à mon tour*, & les phrafes qui fuivent, font partie du paragraphe *je dis plus*, dans la Correfpondance originale; & là , ils font placés fans affectation, parce qu'ils avoient été conçus fans mauvaife intention.

Mais ce n'eft pas tout. J'avois un deffein en écrivant ainfi à M. de Crillon. C'étoit de réfuter par fon témoignage toutes les horreurs que mon Adverfaire avoit débitées à Rouen contre le Bataillon de l'Inde, & dont il croit aujourd'hui fe

...lfculper, en nommant avec éloge quelques uns des Officiers de ce brave Corps. Or ce deffein, comme il étoit dans mon cœur, il eft dans ma Lettre, & ma plume l'a exprimé par cette phrafe qui termine le paragraphe : *Mais, fur ce point, comme fur le premier, rélatif au Confeil, le voilà confondu encore par votre Lettre.*

Il eft clair par là, que l'idée du Bataillon de l'Inde injuftement décrié par mon Adverfaire, s'uniffant dans mon efprit à celle du Confeil-Supérieur qu'il avoit calomnié, je profitois de l'occafion que m'offroit le témoignage de M. de Crillon fur ces deux Corps, pour rendre à l'un, en paffant, l'hommage qu'il méritoit, après avoir juftifié l'autre par le même témoignage.

Qu'a fait mon Adverfaire ? Le voici ; c'eft la feconde infidélité. Il a, tout franchement, fupprimé dans fon Edition la phrafe, *mais fur ce point comme fur le premier, &c.* Après quoi il s'emporte, & de la même explofion, me jette à moi les imputations les plus atroces, & les proteftations les plus tendres à M. de Crillon.

J'ai voulu, de bonne foi, trouver une excufe à cette infidélité ; mais il n'y a pas moyen, & voici le comble. Après avoir fupprimé ma phrafe toute entière pour fonder fon accufation, mon Adverfaire prend occafion de cette même phrafe, fans toutefois la rétablir, pour décrier le Bataillon de l'Inde. Cette phrafe étoit donc fous fes yeux ! Il la voyoit, quand il la fupprimoit ! Ce n'eft pas un oubli ! Quelle infidélité ! En fût-il jamais de plus réfléchie ? Eh-bien ! je ne doute pas qu'un jour mon Adverfaire ne dife : *C'eft une erreur de Copifte ou d'Imprimeur.* Ainfi l'on a réponfe à tout. *Falfifions toujours, la Correfpondance tronquée fera lue ; le coup fera porté ; la*

*calomnie aura fait fes progrès ; & , quand nous ferons démafqués ,
nous verrons à trouver un autre coupable.* Ce raifonnement
eft tout - à - fait loyal ! Cette marche eft réellement d'un
homme sûr de fa caufe ! Cette manière annonce vifiblement
l'innocence & la vérité !

Et, comme fi quelque Puiffance ennemie de mon Adverfaire l'avoit condamné à ne plus rien écrire d'abfolument
exact ! Après avoir falfifié ma Lettre , en fupprimant une
phrafe entière , il dénature fon propre Plaidoyer , en y
fuppofant ce qui n'y eft pas ; la preuve de cette vérité ne
fera pas longue.

On a vû que M. de Crillon m'a donné connoiffance de
fa réponfe à l'homme du Tanjaour , dans fa Lettre du 5
Juin 1780. Dans la mienne du 10 , au paragraphe divifé infidélement , & plus infidélement tronqué par mon Adverfaire , fon Imprimeur ou fon Copifte , j'ai cité tous les mots
de cette réponfe , qui défigne nommément le Bataillon de
l'Inde , comme étant l'unique efpoir de M. de Crillon , & la
dernière reffource du Général. Mon Adverfaire, de fon côté ,
obferve en marge *qu'il a plaidé mot-à-mot cette réponfe de M.
de Crillon.* Cela eft un peu fort. Voici les propres termes de
fon Plaidoyer réimprimé par lui-même , en tête de fon Edition de ma Correfpondance avec M. de Crillon..... *Si ce
Crillon, qui exifte, Meffieurs , n'eût pas déclaré avec le ton qui
lui convenoit, que tant qu'il auroit une goutte de fang dans fes
veines , & une bayonnette dans fa Troupe, il défendroit fon
Général* .... Eft-il queftion dans ce paffage du Bataillon
de l'Inde ? Apprenoit-il au Lecteur que le Bataillon de l'Inde
étoit cette *Troupe* fur laquelle M. de Crillon comptoit fi
fermement ? Cette remarque paroîtroit minutieufe à des

Lecteurs inattentifs. Mais qu'on daigne se rappeller tout ce qu'a dit mon Adversaire, d'odieux, de méprisant, du Bataillon de l'Inde, & l'on sentira que ce n'est ni sans motif, ni par distraction, qu'il a passé, en plaidant, en imprimant, sur le nom de *la Troupe*, dont le courage & la fidélité faisoient tout l'espoir du Chevalier de Crillon.

Le Bataillon de l'Inde n'a pas besoin d'un défenseur tel que moi : mais puis-je être insensible aux atrocités que mon Adversaire s'est permis d'en écrire, à l'occasion du passage même, que lui, ou son Copiste, ou son Imprimeur, ont falsifié dans l'Edition de ma seconde Lettre à M. de Crillon ? Un seul fait incontestable répond à toutes ces horreurs. Ce fait est, qu'avant l'arrivée du Général Lally, M. de Bussy, avec un détachement du Bataillon de l'Inde, avoit disposé de la Soubabie du Dékan, c'est-à-dire de la première Souveraineté de l'Indostan, après celle de l'Empereur, & s'y maintenoit en maître au nom du Roi, tandis qu'avec le reste du même Bataillon, mon Oncle à Pondichéry, & les autres Commandants, chacun dans leur Gouvernement, garantissoient nos possessions des entreprises de l'Ennemi, qui, malgré l'avantage du nombre, n'avoit pas gagné un pouce de terrein, & nous avoit même laissé faire quelques conquêtes, quand M. de Lally vint avec toutes ses forces pour tout perdre.

Jamais Armée Françoise plus brillante que la sienne n'avoit paru dans l'Inde. Nous avions à notre tour l'avantage du nombre sur les Anglois; mais un seul homme étoit de trop, & l'on sçait l'événement.

Je soupçonne mon Adversaire d'avoir puisé ses notions, à l'égard du Bataillon de l'Inde, dans quelque Libelle connu des Juges de M. de Lally, mais rejetté par eux, fans doute comme un ouvrage d'impofture & de ténébres. C'eft ce qu'il faut vérifier : & le Public en jugera bientôt, grâce à mon Adverfaire, fi ce dernier n'eft pas tout-à-fait infenfible à l'honneur de prouver ce qu'il avance.

En effet, dans un Ecrit que je ne connois pas, cité par lui fous le titre d'*Etat des Officiers de l'Inde*, fe trouve, s'il faut l'en croire, à côté du cinquantiéme nom, une note ainfi conçue : *Ecrivain de M. de Leyrit ; il n'en étoit pas content, & l'a fait Officier*........ Oh ! pour le coup, voilà un fait bien pofitif. Si, d'un indigne Ecrivain, mon Oncle a fait un Officier, pour s'en débarraffer, il a eu tort. Mais, en défiant mon Adverfaire à Rouen, dès la première Audience, *de citer contre mon Oncle un feul fait bien pofitif*, je n'ai pas manqué d'ajouter pour de bonnes raifons, *& bien daté*. Aujourd'hui je le prie donc, je le fomme, je le défie de nous dire ce que c'eft que cet *Etat des Officiers de l'Inde*, dans lequel il a puifé la note en queftion ? Je le fomme de nous dire quel eft l'Auteur de cet Etat ? Sa date ? Le lieu qui le renferme ? En un mot je le fomme de publier cet Etat. Qu'il continue feulement à taire tous les noms, hors celui de l'Auteur & de mon Oncle. J'approuve fa circonfpection pour autrui; mais je ne veux pas de ménagement pour mon Oncle. Alors on verra dans quelles fources mon Adverfaire trempe fes traits; pour moi, je réponds d'avance de leur impureté. Que s'il recule à ce nouveau défi, comme il a fait jufqu'à préfent pour tous les autres, on ne pourra que le féliciter de fervir fi bien la mémoire de fon Pupile par fes citations. L'ajouterai-je enfin ? Des gens de goût prétendent, que, le ftyle des citations de mon Adverfaire

reſſemble à celui des Lettres du Général Lally, par la pré-
ciſion, la fureur, & l'indécence, des idées & des termes. Ce
ſeroit une grande autorité !

Du Val d'Éprémesnil.

Monſieur DE TORCY, *Rapporteur.*

LAGOUTTE, Procureur.

De l'Imprimerie de LOTTIN l'aîné, Imprimeur-Libraire du Roi,
& Ordinaire de la Ville, rue S. Jacques, au Coq ; *Décembre* 1782.

www.ingramcontent.com/pod-product-compliance
Lightning Source LLC
LaVergne TN
LVHW011408170726
843501LV00006B/2087